Koo I-Ram

시인 구이람

산다는 일은

구이람 시집

산다는 일은

Poetics 시학

■ 시인의 말

영혼과 육체가 하나인 채로 보이지 않는 세계를 보고 싶다.
낙타는 어떤 사막도 두려워하지 않는다고 한다.

사람은 무엇으로 살아가야 하는가?

어지러운 시선을 멈추게 하고, 낡은 삶을 환기시켜 줄
참 시를 위해 낙타처럼 묵묵히 걸어가야겠다.
그리고 시를 위해 자주 축배를 들고 싶다.

2013년 10월
구이람

차 례

제2부 육체의 삶, 운명의 굴레를 넘어서

제3부 잡초론, 또는 구이람 시인의 객관적 상관물

제4부 생生의 본성, 또는 단독자와 공동체 의식을 향하여

제1부

여자의 생生을 위하여

여자의 지게

어깨가 무너져 내린다
일렁이는 자신의 그림자를 밟으며
물지게 지고 수만 리 인생길 간다

부지깽이 검정 글씨

1

활활 타오르는 불꽃
검붉게 타들어 가던 부지깽이
엄니 급할 때 들고 뛰어오시면
홧김이 모락모락 피어나
히히— 재밌어 하던, 그 부지깽이

간난이가 보리밥솥 보글보글 끓일 때마다
생솔가지 매운 연기 타다닥 탁—
타들어 가던 부지깽이
지금도 또렷이 떠오른다

2

간난이는 끝내 서울로 가 버리고
아궁이 밖으로 활활 삐져나오는 불꽃을
안으로 더 깊숙이 밀어 넣으며

나도 “서울 간다” 따라 써 보던 꿈 하늘

그 검정 글씨, 나는 아직도 머언 글씨만 쓰고 있다

흐르는 시냇물을 보면

1. 땟국물 줄줄 흐른다며

갈라터진 검은 손 용의 검사를 하시던
4학년 그때 담임선생님
겨울 시냇가 조약돌에 피가 나도록
손등을 문지르게 하시더니

언 손등이 시퍼렇게 빛날 즈음에야
오케이 검사를 받고
주머니에 집어넣던 내 고사리손

2. 시냇물 조약돌

흐르는 시냇물가에 서면
잊혀지지 않는
한 여인이 그리움으로 흘러간다

'우리는요 사금파리로 손등을 박박 긁어요
검은 피부를 지우려고요 피가 나도록' 독일 땅에서
그렇게 발표하던 아프리카 어느 나라의 수줍은 페미
니스트

모자를 거꾸로 쓰고
졸졸졸 세월만 따라가는 뭇 사내들을 보며
시냇물처럼 땟국물 씻어내며 손잡고 흘러 흘러가자고

조약돌 거울에 이제야 그 여인을
하얗게 내려놓는다

젖은 옷을 말리고 있는 여자

달리는 버스 안에서 비를 긋고 있다
억수로 쏟아지는 비
내려야 할 정거장 다가오는데

새 옷이 젖을까 갈팡질팡
버스는 시계를 보며 정거장을 지나치고

날마다 타고 내려야 할 곳을 알듯이
우리도 남은 날을 알 수 있다면

마침내 도달해야 할 그 어느 곳에서
나는 젖은 옷을 말리고 있을까

비 오시는 날

휘—익 바람결에 뒤집어진다

거꾸로 선 우산살 와르르 움켜쥐고
가랑비 자욱한 검은 하늘을 받쳐 안으시던
그 옛날

어머니의 팔 우산을 본다

은반지 한 쌍

시집올 때 받으신 은가락지 한 쌍
어머니의 손가락에 끼워진
반백 년 거친 세월에
손가락이 뚱뚱 부어올라
거세게 비누거품을 일으켜 보지만
미끄러지기만 하고
꼼짝 않는다

어머니 한 생애를 평생토록
꽁꽁 묶어 놓은
이제는 아무 쓸모도 없을 것 같은

닳아 잘린 반지 두 쪽을 다시
끈으로 곱게 묶어 두시는 어머니,
녹슬지 않는 그 불멸의 그리움

목화꽃 추억

1

하양 목화 꽃송이 눈물처럼 툭 툭 벌어질 때
그렇게 가을이 지나간다

2

연두 목화송이 따 먹고 여름보다 더 웃자란 우리들
몸속에서 뭉게뭉게 하얀 꿈이 피어나고

3

새하얀 꽃잎에 천만 송이 아기눈물이 피어
솜사탕 꿈의 실타래를 감는다

4

구름 둥둥 떠다니던 그 꽃
천 근 쇳덩이로 세상의 중심을 잡는다

찔레꽃 한 송이

가만히 숨 쉬고 싶다
아무도 몰래
어머니 자궁 그 꽃밭 속에 들어가

아름다운 책들이 꽂혀 있는 카페
구석 자리에 조용히 앉아 조올고 싶다

땡볕 아래 뛰놀고 있는 아이들의 흰 그늘 속에서

어머니 넓은 마음길 가에
하이얀 찔레꽃 한 송이로 피어나고 싶다

놋대야를 노래함

어머니는 굳이 놋대야를 사 주셨다
스텐 그릇 유행하던 70년대
아무리 그래도 대야는 놋대야를 써야 한다며
시집가는 딸에게 어렵사리 구해 오셨다

기와 가루 볏짚 수세미로 한나절 내내 닦아
윤을 내시던 뭉툭한 놋그릇들
잦은 제사 때마다 목기와 줄줄이 놋그릇 반들반들
경중을 자랑하며 늘어서 있던
어머니의 부엌이 어지러워

그 무거운 놋대야를 오래 숨겨 두었건만
어머니 놋대야는 녹이 슬지 않는다 지금도

팔이 아픈 다듬이질 놋그릇 역시
어머니의 손목을 시리게 하더니
오늘도 베란다 모퉁이에 웅크려 앉아 떨고 있는
어머니 오도마니 놋대야 얼굴

어머니 하늘 미장원

1

어머니는 아침마다 삼단 긴 머리를 참빗으로 빗어 내렸다 동백기름 자르르 검은 머리를 뒤꼭지에 질끈 묶어 놓고 그 머리채를 입에 앙물고는 다시 잘 다듬어 빗어 내린 뒤 동그랗게 말아 쪽 진 머리에 연두 옥비녀를 꽂으시더니

2

무더운 여름, 얼어붙은 겨울에도
긴 머리를 빗어 쪽 지는
석경보다 맑고 고운 어머니 얼굴

미장원에 가셔서 담방 자르세요 어머니! 예쁘게 신식 파마 하세요 엄마!

자식들이 저마다 세련된 척 큰 소리로 으스대면 그저 손으로 방바닥을 쓸어 모으시며 보이지 않는 건방진 먼지들을 스스로 닦아 내리시던

3

평생 단 한 번도 싹둑 자르지 않던 긴 머리칼을
그 가을 끝내 그렇게 외할머니처럼 단정히 가지고
가셨다

솥뚜껑 운전사를 아시나요

여자는 자라서 솥뚜껑 운전기사가 되는 거라고
보리밥 부글부글 끓는 가마솥 여닫으며
일러 주시던 어머니, 어머니

저는요, 엄마! 자동차 운전을 하고 말겠어요
당찬 그 말이 벌써 반세기 넘쳐흐르고
세련미 극치를 달리는 이 시대의 스마트 아가씨들
거센 파도 소리 밀려온다

나는요, 아기를 낳지 않을 거예요

나는요, 세상을 움직이는 남자들을 부리는
하늘의 조종사가 되겠어요

이 시대의 여자에게

'팔자八字 걸음 걸으면
팔자 사납다
일자一字로 걸어라!'
걸음걸이 하나도 여자,
남자가 따로 있는가

앉음새도 나빌레라
사뿐히 말씨도
소곤소곤 어여삐
여자는 여자답게! 라는데

군자는 대로행大路行이라고?
군자들이 정치판을 갈지자之字로
흔들며 걸어가는데

그러면, 아이는 누가 낳지요?

계단 절벽을 오르다

날마다 한 칸 두 칸
계단을 오르다가 다시 내린다
가파른 계단 위에 앉은 파랑새
숨 가쁘게 오르는 나를 내려다보며
포르르 날아가 버린다

새를 쫓아갈 날개도 없고
황새 따라갈 가랑이도 아닌데
올라야 할 계단은 나날이 높아만 간다

분홍, 노랑, 하양 꽃들까지도 다투어
한꺼번에 핀다 너보다 먼저,
아니 내가 먼저 소리 외쳐 대며
마침내 계단이 끝나고 마는
절벽세상을 만난다

두레박 팔자

마을 한가운데 큰 우물 속
하늘 반달이 떠 있다
철철 두레박을 퍼 올릴 때마다
소녀의 얼굴은 일그러져
구름 그네를 타고 간다

파아란 우물 속에서
건져 올리던 꿈 하늘 은하수
깊은 강물로 출렁 출렁이던 나날들
'여자 팔자는 뒤웅박이다' 라던 조선의 말들을
두레박이 왕창 조각내 버렸다

엄마를 건축하는 영화감독

우리 집에는 방 두 칸이 있습니다 할머니, 할아버지, 사촌형이 쓰는 방 하나, 누나, 아빠 그리고 나, 이렇게 사는 또 다른 방 하나 그러나 집이 좁다고 아무도 짜증 내지 않습니다 여기에 엄마만 같이 살 수 있다면 있다면! 얼마나 좋을까 생각하지요 대궐에 사는 것도 부럽지 않을 텐데 아빠는 세월이 많이 흘러서 이제는 어렵다고 여러 가지 이유를 달아 말씀하시지만 그래도 저는 엄마와 함께 살고 싶습니다

어른들의 세월이 무조건 미워집니다 엄마 생각만 하면 화가 나고 공부도 하기 싫습니다 그래서 아빠에게 막 짜증을 냅니다 중학교 3학년인데 아직 용돈도 받아본 적 없습니다 그보다 엄마 아빠가 함께 살지 못해 할머니에게 슬픈 얼굴을 보이면 '남자는 눈물이 많으면 안 된다 늘 씩씩하고 담대하게 하나님을 의지해라 하나님께 많이많이 기도하라' 하실 뿐 하나님은 정녕 모르실까요? 제 꿈은 방 두 칸짜리 우리 집을 새로 건축하는 사람 우리 엄마를 찍는 영화감독입니다 엄마가 주인공인 엄마를 찍는 나의 천국 같은 영화를

봄 상업

꽃들의 반란이 시작된다

하얀 꽃은 붉은 마음
빨강 꽃은 하얀 마음
노랑꽃은 민들레 덧신

하얀 머리 풀어 헤치고
저 산 넘어 새봄 새색시
꽃 팔러 나간다

좋다리 떼도 지지배배
오월 하늘을 팔고 있다

알몸 자유를 보아라

— 그란카나리아 라스팔마스 해변에는
갓난아기부터 쭈글쭈글 노인들까지
조개껍질 숨바꼭질한다

1

넘실대는 바닷속으로 훌러덩 뛰어들어
파도와 깔깔 씩씩대고
금모래밭에 미끄러운 알발 담그고
햇볕을 고루 선사 받는 남녀노소
모두가 그대로 벌거숭이! 알몸 자유, 자유다

사막 모래 언덕을 걸어 올라가는
몸 구부정한 구릿빛 노인들
젊은 연인들의 속삭임 소리
금은의 모래 산을 스르륵 스르륵
미끄러져 내린다

2

벌거벗은 몸이 부끄러움은
아니었다 그곳에는
바다도 바람도 구름도 야자나무도

한통속 알몸이었다

비키니 수영복을 걸치고 몸을 가린
몇 몇 수지운 사람들과 한국인 넷,
자연은 우리를 비켜
알몸 살결로 뒹굴고 있었다

별옷, 금배지 옷, 유니폼, 파티복
치장한 옷들은 세상을 숨기는 안과 밖의 경계선
임금님 날개옷은 자유를 덮는 것임을
겨울 그란카나리아 섬에 와서 보았다

비정규직을 정규직으로!

힘차게 써 붙인 현수막 아래
아침부터 낙엽이 우수수 떨어진다

나는 무어지? 출근길 아침
정규직? 비정규직? 사잇길을 비틀대다가

종종걸음 어느새 가랑잎 일터에 닿는다

산다는 일은 · 1

사람 하나 가슴에 품고
힘내는 일이다

뼛속 깊이 고이는 피
물 흐르듯 고통을 다스리는 일이다

산다는 일은 · 2

풀잎처럼 낮게 고개 숙이며
온몸으로
꽃 한 송이 피워 놓고

손가락 하나 펴지 못한 채
우두커니 서 있는 저 산의 바위들

씨앗 한 톨이 저녁 해를 물고
서녘으로 날아가는 일이다

너와 나

꽃이 아니어도 좋을
너와 나
문득, 잎이 꽃을 피우는
허허바다 우리네 사연을

어느새 알아채고 미소 짓는 너
붉음과 초록이 모두 한 꽃이어라

바람이 거센 날

1

여기까지 걸어온 내 머—언 길
가르쳐 준 고마운 그 사람
오늘은 가을 하늘처럼 그리워

바람 부는 들길에 서서
바람에게 그 길을 다시 묻고 있네

2

나, 또 어디로 가야 하나?

마을 우체국 앞에서 주소를 까먹고
누구에게 보낼 엽서인지도 몰라

무작정 설레어 흔들리는 마음
바람아! 끝내 전할 말은 무엇이더뇨

아침 이슬

이슬방울 금빛 햇살에 금 가는 아침
힘센 자 옆에서 떨고 서 있는
겨울 사람들의 흰 그림자

굽은 등줄기에 촛불을 밝혀 들고
그 얼굴에 "죄 없음" 이란 글씨를 쓴다
두 손 모아 비나리 한다

왜 사람은 한평생 어둠 속에 떨며 살아가야만 하는가

자동차를 몰다

두

려웠다 맨 처음 핸들을 잡고 거리에 나가 운전을 하
던 그날, 그 자리에서 멈춰 서고 싶었다 수많은 자동
차의 물결이 내게로만 밀려드는 공포감, 심장이 졸
아들고 다리가 후들거렸다 오늘 나는 자동차를 쌩쌩
몰고 시를 쓰러 간다 택시 기사 못지않게 미끄러지
고 끼어 들고 밀쳐내면서 내 차는 중형 보통사람들
의 열 살도 더 넘은 낡은 모습이지만

차

는 전혀 투덜거리지 않는다 늘 따뜻하고 친절하다
그저 내가 핸들을 비트는 대로 불평 없이 달려준다
세계적인 마크를 달고 달려오는 외제 자동차에도 전
혀 기죽지 않는다 한발 앞서 달리려 뒤에서 빵빵—
소리 지르면 너그러이 길을 내준다 갑자기 두 눈을
부라리며 비집고 들어오는 조폭 자동차에게도 차분
히 양보한다 그래도 결코 지각을 하지 않는다 않으
리라 중얼거린다 한번은 육중한 트럭이

내
가냘픈 어깨를 밀치고 가 버렸다 상처가 쓰라렸다 그
러나 쫓아가지 않고 다음 날 병원에 가서 쓸쓸히 치
료를 받았다 그리고 주인님이 우리는 바보! 바보!라
고 외치면서도 치료비를 크게 치렀다 세상을 어떻게
달려가야 하나? 오늘처럼 달려만 가면 되는 건가요?
걷
고 싶다 그저 적당히 숨차지 않게 걸어서 그곳에 당
도하고 싶다 우리가 가고자 하는 그 알 수 없는 머나
먼 약속의 땅 그곳으로!

다이너마이트 너는

너는 세상 무엇을 믿는가
터뜨리고 부수어지며
마침내 온몸 가루가 되어
일순에 날아가는 꿈?

뭇 사람의 의지와 동맹을 폭파해 낼 수 있는
힘의 힘으로 제압하면서
한 점 사랑도 꽃피우지 못하는
낭떠러지 목숨의 끝?

누가 겨울을 이기랴!

— 시인의 콘서트

하늘빛 아롱아롱
떨어져 간 오색 꽃잎들

아무 자취도 없이 얼어붙은 땅
그 창끝 얼음을 녹이고
초록 음표들이 뽕뽕뽕 도레미파솔……
나뭇가지에 어른거린다

겨울과 봄 사이에서 알 수 없는 신곡을 연주하는
또 다른 존재의 불꽃들

그 봄꽃들은 시인들이 피워 올리는
기적의 눈꽃망울이다

봄 강물에 시의 길을 묻다

울퉁불퉁 돌멩이 길
가시덤불 흘러가는
인생길을 아파하네

시는
빛나는 봄 시냇물인가
씻고 씻기며 흘러
끝내 겨울 강으로 저물어 가는

얼어 버린 시간의 결박을 풀며
이 봄 강물은
누구의 푸른 혼으로 굽이치는가

내일의 태양을 쏜다

바다는 일찍 잠을 깨어
날마다 떠오르는 태양을 품어 안는다

애끓는 바다를 바라보며
낡은 사랑을 약속하는
저 철지난 청춘 깃발들의 출렁거림

사랑도 잠시 오는 듯 가고
다시 내일은 가는 듯 오는가?

해 지기 전 너에게 가리라
다시 또 다른 태양을 기다리며

바람 부는 날

고향의 작은 꽃들과
이슬 젖은 도회지 길가의 풀잎들과
저 숲속 우람한 나무들과

인사 나누며 살아가는 기쁨
나의 사랑은 왜 바람 되어 날아만 가는가

하늘의 서쪽

나무가 뿌리를 걷어 내고
가지로 일어서서 춤춘다
나무가 익어서 새처럼 날아간다
멀리 서쪽 세계로
이파리들을 한 잎 두 잎 날려 보낸다

봄부터 함께 걸어온 가지와 잎들
한 장 한 장 하늘, 땅을 접어 날려 보내면서
바람은 맑고 가벼운 몸으로 불어와
저문 들판의 마지막 홀씨를 날린다

우리도 흘러 흘러 어느 언덕에 가 닿을까
나무가 제자리를 걸어 걸어서 당도한 하늘
저 해 지는 서쪽 하늘로

양양 솔비치에서

솔밭 사이사이 갈대꽃들이
아침 바다를 외쳐 부른다
일어나라, 어서 잠깨어 일어나라고
온몸 비틀며 손사래 친다

아침 햇살이 푸른 바닷물을 담금질하더니
이윽고 붉게 타오르며 고요한 시간의 맨 얼굴이
바닷길을 열어젖히고 있다

힘차게 물살 가르는 새벽 어부들의 눈빛이
바다그물 반짝반짝 기워 올리며
저 지평선 너머 기다리는 그 누군가를 기다리고 있다

떠나가는 소리

우 수 수
새들이 둥지를 떠나는 마당가
흩뿌려진다 하얀 깃털이

봄 천사
목련꽃잎들이 피어난다
한바탕 시름을 털어 내며
간밤 빗길에 실려 가고

꽃상여 한 채
하늘하늘 이승을 떠나가고 있네

묵시록

1

어제는 해종일 햇비가 내렸습니다
그리고, 오늘은 그저
해맑기를 꿈꾸는 내일이 있습니다
어제와 내일을 함께 논하던 그 젊은 교수는
길 가다 넘어져 먼 하늘로 떠나 버렸습니다

머릿속 가득 쟁여 둔 지식알곡들을
마당가 퇴비로 쌓아 두고
비 젖은 꽃씨 한 봉지만 달랑
남겨 둔 채

사람들과 주고받던 말, 돈, 술, 밥
엄청난 시간의 화차들을
미련까지도 몽땅 버리고 갔습니다

2

도토리묵, 청국장, 여러 잡곡들을

고달픈 인생처럼 펼쳐 놓고
어제와 오늘을 또렷이 셈하던
우체국 모퉁이 두건 쓴 할머니

할머니도 봄 향기를
다 내려놓고 어딘가로 떠나 버렸습니다
봄은 또 피어 온다 온다 하면서

날지 못하는 새

폭풍의 언덕 비바람을 헤치고
쏘옥 쏙 돋아 오르는 엉겅퀴 꽃망울 하나
천지에 한 송이 성채를 이루고 있네

어느 철없는 길손
그 자줏빛이 하도 고와서 황망히
꺾어 버렸더니

영영 피우지 못한 꽃대궁 피멍이 들어
화식조의 등 위에 앉아 부러진 날개를 수선하고 있네

오늘도 까닥까닥 깃을 치며
언 날개를 파닥이고 있네

산문에 서서

1

산은 거기에 있지 않다
누구나의 마음 안에 사는 산

저 산문을 열려 마라
네 마음 산문을 먼저 열어라

2

머언 산 뵈지 않는 암자에
큰 쇠를 녹여 눈이 내린다

종은 스스로 울지 않는데
나무 기둥이 목어로 누워 제 몸을 때리며
번뇌 망상을 깨어 부순다

낡은 우물이 있는 풍경

우물은 언제나 바깥세상이 그립다
아무도 길어 주는 이 없어
혼자 목을 빼고 하늘만 올려다본다

푸른 도마뱀 스륵스륵 녹슬어 오르는
이끼 덮인 우물 안

청개구리 한 마리 사뿐
바다 깊이 물마루 들어 올리더니
물방울 위로 폴짝 튀어 오른다

스스로 퍼렇게 멍들어 지쳐 가는 날이면
우물거울에 비친 달빛 그리워
청개구리 물방울 소리로 쨍그렁 빛난다

제3부

잡초론,
또는 구이람 시인의 객관적 상관물

잡초는 뿌리 끈이 길다
— 잡초론 · 1

아무도 눈여겨보지 않는 풀
누구나에게 밟히고 무시당해도
불평하지 않는 풀
그 이름 잡초를 조심하라

아무 죄 없이

— 잡초론 · 2

무심한 발걸음에 눌리고
화가 난 발길에 찢겨도
가만히 누워 피를 닦고
홀로 상처를 어루만지는 너

뿌리가 땅속 끝까지 뻗어 있기에
— 잡초론 · 3

너는 누구에게도 뿌리를 뽑히지 않는다
오늘도, 뽑히지 않는 굳은 마음칼 갈며
하늘뿌리를 올려다본다

새해 아침엔 생금의 해가 뜬다

더 밝아라, 햇귀
새해의 해는 눈이 밝아 귀까지 맑아진다
세상 밑바닥 뼛속까지 보고 듣는다

햇볕 너무 강하면
눈멀어 보이지 않고
종소리 너무 세게 울리면
귀 먹고 마나니

어제와 다름없는 오늘이라도
떠오르는 해는
눈 밝고 귀 맑아
새날을 순금 지게에 지고 오나니

날마다 스물네 시간
일하고 잠자고 밥 먹는 일
새해엔 더 눈 크게 뜨고
귀 열어 밝게 들어야 한다

자동차가 업고 간다

한꺼번에 대여섯 대의 자동차가
아래 위층 실려서 낮은 포복 업혀 가고 있다
어디로 팔려 가는 것일까

아직 발에 흙도 한 번 묻히지 않은 채
빛나는 살갗에 두 눈망울 반짝이며
포근히 잠든 어린아이 업혀 가고 있다

어렸을 적 엄마 등에 업혀
이 마을 저 마을 세상 첫 구경 다닐 때
어서 커서 온 세상을 걸어 누비거라
엉덩이를 추썩추썩 추켜주셨지

어딘가에 있을 주인을 찾아
수만 리 그 심장이 멎을 때까지
늙어 힘이 부칠 때까지 털털 터덜털
우리네 인생 목숨 끝까지
비바체 비바체 달려가야 할 저 운명의 형식!

툭! 떨어지는 순간

사과는 비로소 빨간 제 몸의 색깔을 보았다
노랗게 여문 씨앗을 푸른 풀밭에 내던지고
무지개 하늘을 그리며 세상을 떠나갈 때

꽃가마 성채를 따라가는 작은 벌레들의 행렬
사람은 언제 저 자신을 제대로 바라볼 수 있을까

죽어 떨어지는 찰라, 새 세상을 만나는 시간들이
그 순간 가을 사과 몸 빛깔로 물들어 가고

툭! 떨어지는 그 황홀의 순간
마음의 오랜 낙과 소리를 듣는다

‘그냥’ 이 좋다

나 언제 꽃이 되고자 한 시절이 있었던가
그 누가 나를
‘동지선달 꽃 본 듯’ 이 반겨 준 적 있던가
‘그냥’ 이 좋다!
물결치는 파도의 마음

꽃의 노래

황사 바람꽃이 핀다

거친 산을 오르고 황야를 지나
외로이 길 가는 이들을 위해
피어나는 산꽃, 들꽃들

오며 가며 사람들은 무심히 꽃가지
여린 그 팔뚝을 우두둑 꺾어 간다

그래도 끄덕끄덕 머리채 흔들며
반갑다 손짓하는 화안한 꽃숭어리여

아프리카, 삶

강물을 건너다 악어 떼를 만난 누
멀어지는 하늘을 향해 울부짖는다
이글이글 태양을 삼켜 버리는 침묵의 바다

그래, 삶이란 한순간이야!
소용돌이치는 강물을 돌아보며
속 끓이는 바다의 한순간 저, 차디찬 침묵

매 맞는 나무들

하늘이 물동이 채로 퍼붓는다
장대비에 무너져 내리는 산

나뭇가지 휘어져 제 무릎에 안기고
후들후들 다리 휘청거려 몸을 가눌 수 없다

한곳에 곧게 서서 흔들리지 않고
흠씬 매 맞는 나무들

이파리 뒤에 숨어 떠는 벌레 한 마리
나뭇잎이 제 몸을 돌돌 말아 장맛비를 막아 준다

시인과 바다

바다가 우는 소리 들린다! 떠벌이는
시인은 거짓말쟁이다

내 귀에 바다 소리가 전혀 들리지 않는다
바다는 나의 기억을 몽땅 잃어버린 것일까

소라는 갯벌 속에서
색소폰 소리로 흐느끼고 있지만
어느 바다가 시인에게 가슴을 열고 파도 소리
갈매기 소리를 들려주었겠는가

내 고향 언덕 풀피리 소리만 필릴리 필릴리
해조음으로 걸어오고 있었을 뿐

가을 바다

그저 흘러가라고
말없이 그냥 흘러가라고
웅얼웅얼 푸른 바다가 말하네

흐르고 흐르다 보면 가라앉는다고
어지러운 마음 저 하늘에 닿을 수 있다고
어찌 하늘과 바다가 둘이겠는가 묻는다

바닷가 모래알처럼 마음을 씻고 씻어 내면
그 마음 출렁이지 않고 물이 되어
속으로 속으로만 흐르리라고

하늘과 바다, 서로 껴안으며
어둠과 밝음이 더불어 저 홀로 흘러가고 있네

어느 여가수의 봄노래

흐느껴 울고 있었네 그녀는
긴 다리 위로 기린 목을 빼들고
마이크 줄 늘여 두 손으로 움켜잡고
무대 위 한 줄기 빛살을 바라보며
숨죽은 소리를 뽑아내고 있었네

풀잎처럼 보드랍게
하얀 마이크를 떨며 흐느끼며
검은 머리카락 한 올로도
세상을 흔드는 춤, 춤의 소리가
품속에서 미친 듯이 흘러 나왔네

소리를 위해 어깨를 들썩들썩 끌어 올리고
엉덩이를 마구 흔들어 대는
어느 여가수의 애끓는 사랑 노래 사이로
복사꽃잎 하나 나뭇가지에 움트고 있네

방사능 봄비는 내리고

비를 흠씬 맞은 비둘기 한 쌍
베란다에 기어 들어와
제 가슴에 머리를 박는다
부르르 온몸을 떨며 물방울을 턴다

젖은 날개 위에
사랑과 평화는 어느덧 사라지고
피할 길 없는 어둠의 빗줄기만
흘러내린다

고운 빗줄기 강산을 푸르게 색칠하던
옛 봄비
돌멩이마저 꿈틀꿈틀 꽃피우던

오늘은 모두 하느님처럼 우산을
떠받치고
쏟아지는 비를 피해 도망치고 있다
보이지 않는 핵폭발의 비
생명을 초토화시키는 그 방사능을 떠올리며

무서운 밤

해종일 천장만 응시한다
다섯 명의 환자가 각자
좁은 침대감옥에 묶여

일반 병실
저마다의 아픈 사연들이
뾰족한 주삿바늘로 팔뚝에 꽂혀
뚝 뚝 피 강물로 흘러내린다

그러나
까짓 상처가 무에 아프랴,
아무도 상처를 돌아보는 사람이 없다는 것
그것이 아프고

무심히 스쳐 지나는
바쁜 걸음들만이
어둠의 쇠사슬을 가득 끌고 가는
그 긴 빈 밤이 두려울 뿐

통장을 정리하며

통장을 바르게 펴서 기계 속으로 밀어 넣는다
순식간에 빨려 들어가는 내 인생
플러스 마이너스 통장 사르륵 사르륵 다람쥐
사과 갉아 먹는 소리가 경쾌하다

돈 빠져나가는 금속성 소리가 들리는 한순간
이제 그만 멈추었으면
꺼내고 싶지만 통장은 계속 낡은 몸을 굴리고
어느새 새 페이지로 넘어가 버린다

살며 날려 버린 시간의 눈금들이 불을 켜들고
줄줄이 찍혀 나온다
주고받은 내 삶의 인생 거래장
인간관계가 가지런히 찍혀져 나온다

얼마를 더 입금해야 부도나지 않고
어떻게 한 달 치 삶을 더 잘 꾸려갈까
통장 기계 소리 가슴을 방망이질한다

싱싱 냉장고

1

마음 칸칸이 넣어 둔 맛깔스런 음식들
가끔은 냉장고를 비워 두자
야채 칸 김치 칸 계란, 생선 칸
칸칸이 가득 찬 반찬 밑반찬들

2

마음엔 상한 음식을 담아 두지 말자
오래된 음식처럼 칸칸이
쌓아 두기만 한 내 생의 해묵은 상처들

미움도 그리움도 아픔도 추억까지도
오래오래 담아두지 말자
마음 칸칸을 싱싱씽 비워두자

오리발 사설

엉덩 꽁지 하늘로 모가지 들고

물속 깊이 자맥질하네

먹이를 찾고 있는지

물무늬만 동동 호수 위를 미끄러지네

소리 없는 오리발의 아우성!

제4부

생生의 본성, 또는 단독자와 공동체 의식을 향하여

산은

만 년이 지나도
외로움을 켜켜이 쌓아 올린다

사람들이 밟고 걸어도
길은 언제나 홀로일 뿐

만 가지 형상을 가지고 있으면서도
아무것도 갖지 않는
너

백골죽염

혼만 겨우 빠져나온 하얀 소금
더는 푸른 바다를 넘보지 않고
백옥 살결도 점점 벗기우고 지워져서
희읍스레 회색 자취뿐

아홉 번 죽고 살아나서야
무념무상,
흐르는 구름도
그를 바로 보지 못한다

펄펄 살아 있는 청죽 대통에 담겨
푸르름도 대쪽 절의도 모두 태워 버리고
그냥 재가 되어버린

아홉 번이나 불구덩이에서
죽고 나서야 비로소 소금이 되는
백골 죽염

짧은 명상

지하철 경로석
자리 셋 나란히 비어 있다
넉넉히 앉아 저편을 바라보니

푸릇푸릇 풀 더미 돋아나듯
사람들이 모두 싱그럽게 물결친다

빈자리에 앉아 있는 내 모습
갑자기 내가 낯설어
눈을 감는다

아무도 무어라 말하지 않지만
성큼성큼 늙어 가는 내 마음속 백발을
잠시 눈 감고 바라보는
지하철 경로석의 쓸쓸한
풍경 하나

배추의 비밀

높은 가을 하늘 파르르 하얀 속살
눈 시리게 켜켜이 어려 감추고
밭고랑에 주저앉아 있더니

죽어야 다시 피는 꽃
골고루 버무려져 숨 죽여야
맛이 익는 술처럼

우리들 사랑도 그렇게
죽어 꽃이 되면 다시 살겠네

조선무

쭉쭉 뻗은 잘생긴 사내
속이 꽉 들어찬 사내 중 사내

어떤 뿌리 앞에서도 힘세고 멋지고 당당한

숲은 더불어 혼자

키 작은 나무들이
쓰러진 나무에 기대 서 있다
그 무게에 눌려 휘어진 곱사등 목을 흔들며
어린 갈참나무가 안녕!

한다 반듯한 마음이 하늘 향해 뻗쳐오르고
그렇게 말없이 어우러져 살다가
금강소나무, 졸참나무, 신갈나무도
드디어 하나의 단풍나무 풍경이 돼 버린다

숲속엔 개미들이 일용할 양식을 실어 나르고
새들도 허공을 높이 날며 밥을 찾는다
독버섯, 산딸기, 다람쥐, 발톱 사나운 짐승들
온갖 무리 지어 숲을 이룬다
세상 사람의 삶이 그렇듯이 그저 단순 고요히
죽고 살아나고 살고 죽어가는 코러스 무대

숲은 더불어 혼자!

바람이 어린 나무들을 키우고
더러 꽃도 피우고
열매도 맺는

닭 공장 오리농장

— 동물농장 · 1

햇병아리를 저울에 올려놓는다 파르르 떨고 있는 가녀린 어깻죽지 상품이 안 된다 싶으면 목숨을 꺾는다 사료 값을 낮추려 옥수수 사료를 먹인다 닭의 부리를 뭉툭하게 잘라 버려 콕콕 찍어도 모이를 콕콕콕 찍어 보아도 놓치고 만다

살을 더 더 찌우려고
자꾸만 물을 먹인다
더 먹여야 무게가 더 나간다고

뚱보들을 사육하는
닭 공장 오리 농장
닭도 닭이 되지 못하고
오리도 몸이 비틀어진다

몸을 위해 닭 가슴살을 먹는
높고 화려한 아파트 닭장 속 뚱보들 때문에

세상의 닭들은 유난히 젖꼭지만 커진다

한순간의 삶, 단 한 번이라도
훌쩍 날아 보면 좋으련만!

말뚝 소

멀리 말뚝에 매어 있는 검은 염소
그 눈망울에 풀밭이 떠오른다

쥐눈이콩 염소똥이 노오란 민들레 하늘을 꽃피우는데

말뚝을 풀어 다오
머언 산을 바라보는 염소의 눈망울
산처럼 말없이 서 있다

커피, 가을 한잔

주전자 물 보글보글 끓어오른다 커피향
앞산 잎새들도 속이 활활 타오르는데

한밤 내내 마음을 푸욱 고아 내며
가을도 곱게 단풍 들겠네

돌아가는 길목에서

장미 꽃잎 속에 하얗게 웃고 있는 저 사내
평생 꽃을 기르듯 일구어 놓은
회사 한 채, 거기 사는 식구들 전부 모여
그의 한평생을 왈가왈부 소란한데

아깝다는 둥,
그래도 잘 살고 떠나간다는 둥
자식들이 아직 어리다는 둥
둥둥둥 소리들이 한 바다를 떠안고 간다

시들어 목말라 가는 시간 속에서
영영 죽지 않을 사람들처럼
다만 살아 있음을 스스로 안도하며
둘러앉아 소주잔 강물을 기울이는 사람들

그의 영정을 힐끗힐끗 올려다보지만
가야 할 곳 어디인지 몰라
그 시간의 골목길을 에돌아간다

풀섶 길을 가다

할아버지 산소에 가는 먼 오솔길
가시덤불 손 쳐들어 풀섶 하늘을 가리네

몇 해인지 아무도 걸어가지 않은 그 길
발자국 끊긴 틈서리를 비집고
무정한 세상인심을 갈구며 자라 오르는 잡풀들

우리는 끝내 길을 잃고 말았네

소식 끊긴 채 폭포처럼 쏟아지며 살아가는
너와 나, 우리 사이에도
한 잎 두 잎 말없이 억새풀은 돋아나고

길은 좁아져 종아리 맨살을 훑치며
너를 잊지 마라, 나를 잊어 버려라
부드럽게 속삭이고 있네

가자, 가을아!

뼈다귀만 앙상한 가랑잎
내 무릎 위에 내려와 앉는다

모든 것을 주고 떠나간 그 사람처럼
높푸른 하늘 저 너머 널 위해
기도하는 한 사람 있는가

풀잎도 여름내 빨갛게 꽃열매를 피웠듯이
우리들 마음이 노랗게 익어 가면

참깨 쏟아지는 내음
콩 튀는 그리움 허허 벌판에 남겨 두고
고추잠자리 외로이 솟아오르는
빈 하늘 저 너머 구름 산봉우리를
손잡고 함께 가자, 가을아!

그리움은 기러기 목울음으로 흘러가고

산 넘어 유년이 흐르고
뭉게뭉게 바닷길 따라
봄 처녀 꿈 살랑살랑

설움에 겨운 땅 언저리
바위 파도에 으서지고
빈 가슴만 깁고 기운다
기다려도
기다려도 오지 않는 사람아!

기러기 목울음 소리만
석양빛에 끼룩끼룩 저물어 가누나

가족사진

찰칵!
순간 속에서 비로소 우린 영원하리라 믿었다
웃으세요! 웃어요! 사진사의 말대로
온 가족이 함빡 웃음꽃 피우는 사이

큰딸을 낳고 어미 되고
작은딸 다시 얻어 비로소
꽉 찬 가족을 이루더니

무엇으로 살 것인가 토론하던 그 흙바람 세월 속에
서로 자라고 홀로 늙어 간 순간들이
사진 틀 안에서 모두 혼자서 예쁘게 웃고 있다

이제 잡은 손을 놓고
제 마음 길 따라 뿔뿔이 살아가는 자식들
먼 나라 도시의 귓속 바람 소리만 윙—윙
흑백필름으로 찍히고 있네

적과의 동침

곶자왈의 섬개벚나무와 단풍나무
꽈배기로 서로 엉겨 붙어
차돌바위를 뚫고 서 있네

한 몸 한 마음 되어야만 바위를 뚫고
버틸 수 있었기에
남의 몸을 저리 비틀고 껴안으면서
내 몸도 마음도 다 내주고 휘어지면서

두 목숨 더불어 얼크러져야만
마침내 푸른 하늘 함께 바라볼 수 있기에

남과 북, 서로 체온 나누며 껴안고 자면
38 가시철망도 녹이고
황토 깊숙이 7천만 새 뿌리를 내리겠네

칠하던 날

폭풍 비바람에도 씻기지 않는
아이스크림 공장 얼룩진 담벼락에
앉은뱅이 소년의 얼굴 하나 남아 있다

책보를 울러 메고 달리던 그 머슴애
엷은 햇살에 뒷모습이 지워지곤 하던

아이스케키! 얼음과자!를 외치다 지쳐
해 질 녘 골목으로 들어서던
그 소년의 긴 그림자를

흠씬 젖은 페인트 붓으로
나는 오늘 함부로, 깊게 세상을 마구 칠한다
하얀 분칠로 우스꽝스럽게 피에로들을

몽마르뜨 공원의 아침

목화솜 순한 눈망울 비비며 토끼들
아침 식사 클로버 한 잎 따 먹고
이슬 한 방울 떠 마신다

사람들 눈을 바라보지 않고
혼자서 푸른 잔디 뛰놀며
자신에게 주어진 하루를 시작한다

여기저기 운동기구에 매달려
사람들이 엉긴 몸을 푸는 사이
동녘 빛살 샘솟는 꽃잎을 따서
푸릇푸릇 아침 치열을 가지런히 한다

두 다리에 꼿꼿이 힘주어
땅을 밟는 사이
이방의 사람들은 몽마르뜨 공원
아침 온 세상을 몰고 어딘가로 달려간다

비보이 막춤

뚝 뚝 뚝 세상을 끌고 지구 끝까지 갔다가
되돌아온다
핑핑핑 머리로 지구 공을 돌리면서
쿵쿵쿵 두 발로 지진을 일으키다가
실룩실룩실룩 엉덩이로 누군가를 비아냥댄다

얹힌 밥이 올라오고
막힌 가슴이 출렁이고
헐레벌떡 사람들이

제자리를 잃어버리자
마침내 우주의 열기
광란의 춤사위가 식어 간다

■ 작품 해설

시로 쓰는 여자의 일생론

김 재 홍

(문학평론가 · 경희대 정년연장 명예교수)

“삶이 그대를 속일지라도/ 슬퍼하거나 노여워하지 마라”는 푸슈킨의 시구는 아직도 우리에게 위로가 되고 있는가? 숙명여대 국문과 원로 교수이자 청년 시인인 이람 구명숙에게 시란 무엇이고, 시인이 살아오면서 그동안 마주해 왔던 삶의 모습은 어떠한 것이었을까?

과연 시인에게 삶은 그동안 우호적이었던가? 호시탐탐 집어삼키려고 쉴 새 없이 일렁이는 태산 같은 생의 격랑 앞에서 시인은 무엇을 할 수 있었을까? 이 물음을 충실히 따라온 흔적들인 시인의 여러 시편들을 앞에 놓고 신이 우리 인간에게 던져준 삶이라는 대주제를 다시 한 번 곰곰이 생각해보게 된다.

"나를 키운 건 팔 할이 바람이다"라는 시구는 비단 서정주 시인만의 고백은 아닐 것이다. 겉으로 보기엔 순탄한 삶을 살아왔을 것 같은 구 시인에게도 말로써 다하지 못한 치열한 아픔의 말들, 고통의 신음들이 있어 시를 쓸 수밖에 없었던 까닭이리라. 첫 번째 시집 『그 여자 몇 가마의 쌀 씻어 밥을 지어 왔을까』와 두 번째 시집 『걷다』를 펴낸 지 1여 년 만에 다시 시집을 묶어 내는 시인의 부지런한 시혼과 시 작업에 외경과 격려의 박수를 보내며 구이람 시인의 시세계를 살펴보고자 한다.

1. 여자의 일생一生을 위하여

구이람 시의 대주제는 삶이고, 특히 여자의 일생이다. 그의 시편들은 삶에 관한 인생론적인 탐구, 존재론적인 천착을 지속적으로 펼쳐 온 것으로 이해되기 때문이다. 시인의 이번 세 번째 시집에서 특히 주목을 끄는 것은 삶에 대한 대주제를 지나간 날들 속에 얼비치고 있는 어머니의 삶을 회상함으로써 보다 섬세하고 깊이 있게 들여다보고 있다는 점이다. 많은 여성 시인들의 통과의례처럼 여겨지는 어머니 콤플렉스가 시인에게도 있다는 말이 되겠다. 한 여성이 세상에 태어나 어머니라는 이름을 얻게 되면 그때부터 여성은 단순한 여성성을 지닌 여자, 그 자체에 머무르지 않는다. 억척스럽게 생의 야산, 묵정밭을 일구어 옥토로 만드는 세상의 어머니, 더 큰 어머니가 되는 것이다. 많은 세상의 딸들은 오늘도 어머니, 그 어머니, 어머니의 삶을 이어서 살고 있다. 시인도 예외는 아니다. 이런 점에서 구 시인의 시세계는 여성시인의 한 원형성을 보여 주고 있다고 보겠다.

어깨가 무너져 내린다
일렁이는 자신의 그림자를 밟으며
물지게 지고 수만 리 인생길 간다

—「여자의 지게」 전문

지난날 어머니의 어깨가 그랬듯이 시인의 어깨도 한평생 무너져 내릴 정도로 무거운 짐을 져 왔고, 지금도 무너져 가고 있다. 자신의 개인적 생존을 위해서뿐만 아니라 가족을 위해 밥을 짓고, 인생의 대지에서 땅을 파며, 무거운 물지게를 질 수밖에 없는 운명, 그러나 시인은 그러한 운명에 어떤 저항이나 반기를 들지 않는다. 비관적으로 포장하며 자기 연민에 빠지지는 더더욱 않는다. 삶을 무조건 긍정하고 순응한다. 어깨 위에 얹힌 짐이 무겁다고 내려놓아야겠다고 불평하지 않는다. 자신이 가야 할 인생길이 수만 리지만 그것 때문에 무릎 꿇거나 주저앉지 않는다. 그저 자신에게 주어진 임무를 수행하는 공무원처럼 묵묵히 인생길을 가고 있는 것이다. 그것이 구 시인이 삶을 대하는 태도다.

1
하양 목화 꽃송이 눈물처럼 툭 툭 벌어질 때

그렇게 가을이 지나간다

2
연두 목화송이 따 먹고 여름보다 더 웃자란 우리들
몸속에서 뭉게뭉게 하얀 꿈이 피어나고

3
새하얀 꽃잎에 천만 송이 아기눈물이 피어
솜사탕 꿈의 실타래를 감는다

4
구름 둥둥 떠다니던 그 꽃
천 근 쇳덩이로 세상의 중심을 잡는다

—「목화꽃 추억」 전문

추억은 오늘을 살아가게 하는 한 추진력이자 원동력이다. 이제는 없지만 지난날에 분명히 존재했던 추억, 어제가 풍부한 사람은 각박한 생활 속에서 잠시 모든 일상의 짐을 내려놓고 쉴 수 있는 마음의 다락방 한 채 몰래 간직하고 있는 것과 같다. 또한 추억 속에서 만나는 눈물은 그렇게 아프거나 슬프지만은 않다. 하얀 목화송이처럼 오히려 꿈을 자라게 하고, 영글게도 하는 현실의 에너지가 된다. 어머니가 가꾸던 목화밭의 목화가 꽃을 맺고 피우는 동안 구 시인의 꿈도 둥둥 천만 송이 아름다운 꽃송이로 피어올랐던 것이다.

그 슬프면서도 강인한 목화꽃의 힘으로 시인은 자라서 천 근 쇳덩이로 세상살이의 중심을 잡고 학교에서는 학생들의,

가정에서는 누군가의 아내로, 자녀들의 든든한 또 다른 목화밭이 되어 주고 있는 것이다. 강한 듯하면서도, 여리고 여린 듯하면서도 결코 만만히 볼 수 없는 우리네 어머니들의 목화밭은 이처럼 사람들의 꿈을 잉태시키고 생명을 키워 가는 힘으로 작용한다. 스스로 건강하고 기름진 유기질 농토가 되어 생명을 품고 키워 꽃을 피우고 열매 맺게 하는 대지의 힘, 구 시인의 시 속에는 그런 대지적 생명력, 건강한 어머니의 생명력이 느껴진다. 운명에 순응하는 듯하면서도 세상을 움직이고 싶어 하는 호기와 패기를 두루 갖춘 여장부로서의 생명감이 충일하다는 뜻이다. 아래의 시를 한번 보자.

> 여자는 자라서 솥뚜껑 운전기사가 되는 거라고
> 보리밥 부글부글 끓는 가마솥 여닫으며
> 일러 주시던 어머니, 어머니
>
> 저는요, 엄마! 자동차 운전을 하고 말겠어요
> 당찬 그 말이 벌써 반세기 넘쳐흐르고
> 세련미 극치를 달리는 이 시대의 스마트 아가씨들
> 거센 파도 소리 밀려온다
>
> 나는요, 아기를 낳지 않을 거예요
>
> 나는요, 세상을 움직이는 남자들을 부리는
> 하늘의 조종사가 되겠어요

—「솥뚜껑 운전사를 아시나요」 전문

밥하고 빨래하고 가족 건사하는 것이 여자들이 해야 하는 일이라고 말씀하시는 전통적인 어머니상으로서 어머니에게 구 시인은 저항하고 있다. 과거 오랫동안 우리의 의식을 지배해 온 전통에 반기를 들고 스스로 일어서고자 하는 것이다. "솥뚜껑 운전기사가 되는 거라는" 어머니에게 "저는요, 엄마! 자동차 운전을 하고 말겠어요"라고 시인은 당차게 외치며 주방에서 벗어나 주체적 자유와 평등의 삶을 꿈꾸고 지향한다. 보리밥을 지으며 솥뚜껑을 여닫는 어머니의 삶을 보며 나는 저렇게 살지 않으리라 시인은 결심하고 있다. 남편이 던져 주는 달콤한 빵과 편안한 잠자리를 박차고 세상 밖으로 나온 입센의 희곡 「인형의 집」 주인공 노라처럼 시인은 하나의 인격적인 주체, 자존심의 주인이 되어 살기를 다짐한다.

시인의 페미니즘 의식이 바로 어린 시절 어머니의 주방에서부터 싹텄음을 말해 주는 부분이다. 더 나아가 구 시인은 "나는요, 아기를 낳지 않을 거예요// 나는요, 세상을 움직이는 남자들을 부리는/ 하늘의 조종사가 되겠어요"라며 페미니즘적 시세계를 꿈꾸고 지향한다. 솥뚜껑 운전기사가 되라는 세상의 편견과 어머니의 도그마를 깨부숴 버리고 용감하게 세상 밖으로 뛰쳐나와 남자들과 평등하게 또는 남자들을 넘어서는 삶을 살겠다는 이러한 시인의 의식은 결국 오늘날 우리나라에서 여성상위시대를 열어 가고 있는 하나의 원동력이 된 것이 분명하다.

더 나아가서 시인은 오랜 세월 우리 사회를 지배해 오고 있던 운명론 또는 한계론마저 뛰어넘으려 시도한다. " '여자 팔자는 뒤웅박이다' 라던 조선의 말들을/ 두레박이 왕창 조각내 버렸다"(「두레박 팔자」 중에서)라며 과감히 기존 관습의 틀을 벗어나 자유로운 세상의 주체가 되고자 한다.

위의 시편들은 시인의 진취적이고 혁명적인 의식세계를 엿볼 수 있게 해 준다는 점에서 주목할 만하다. 만일 시인이 지난날 개화기 시대에 삶을 살았더라면 구습을 타파하고 신식문물을 소개하고 받아들이는 대표적인 조선의 신여성, 선구자로서 역사의 한 페이지를 장식했을지도 모른다. 구 시인은 한 사람의 여성으로서 한 가정의 아내, 자녀들의 어머니 역할만으로는 만족할 수 없는 더 큰 대지의 꿈, 하늘로 비상하는 꿈을 품고 있었던 것이다.

2. 육체의 삶, 운명의 굴레를 넘어서

그러나 세상은 시인에게 그리 만만한 것이 아니었으리라. 제 한 몸 한 끼 밥을 굶지 않고 제때에 찾아 먹는 일, 그리고 가족들을 위해 세끼 밥을 차리는 일, 그것이 어디 쉬운 일이던가? 우리들 대부분의 삶은 의식주를 해결하는 문제, 질병문제, 희로애락애오욕의 인간 조건들에 붙들려 일평생을 허우적거리며 고통하고 좌절하며 살아가게 마련이다. 때로는 그런 기본적인 문제마저 해결할 수 없어 스스로 목숨을 끊는 참혹한 경우도 없지 않다. 그만큼 한 개인을 유지하는 것도 온 생애를 다 바쳐야 할 만큼 절대적이고 어려운 일이라는 뜻이 되겠다.

하물며 개인의 삶도 그러할진대 세상을 가슴에 품은 사람들이야 오죽하겠는가? 세상 남자들을 부리겠노라고 어머니의 주방을 뛰쳐나온 구 시인이 맞닥뜨려 온 삶의 현장이 얼마나 고통스럽고 치열했을지는 미루어 짐작하고도 남는다. 죽기 아니면 살기로 덤벼드는 온갖 맹수들의 공격을 받으며 시인이 무사히 생존의 밀림을 헤치고 살아 나올 수 있었던 힘은 무엇일까?

사람 하나 가슴에 품고
힘내는 일이다

뼛속 깊이 고이는 피
물 흐르듯 고통을 다스리는 일이다

—「산다는 일은 · 1」 전문

풀잎처럼 낮게 고개 숙이며
온몸으로
꽃 한 송이 피워 놓고

손가락 하나 펴지 못한 채
우두커니 서 있는 저 산의 바위들

씨앗 한 톨이 저녁 해를 물고
서녘으로 날아가는 일이다

—「산다는 일은 · 2」 전문

위의 시를 통해 살펴보면 솥뚜껑 운전사는 안 하겠노라고, 여자 팔자는 뒤웅박이라는 지난 세대의 말인 두레박을 과감히 깨뜨리고 세상 밖으로 뛰쳐나오려 한 사람의 처세술치고는 너무나 순응적이고 안일해 보인다. 나약해 보이기까지 한다. 너무 일찍 세상과 타협해 버린 것은 아닌가 하는 의구심마저 든다. 그 어디에도 평등하게 세상 남자들을 부리겠노라던 호기로운 모습은 보이지 않는다. 육체를 가진 시인이기에 제아무리 신념과 의지가 강하다 해도 어쩔 수 없지 않겠는가? 얼핏 보기에는 꿈을 포기해 버린 것 같다. 위의 시 두 편을 보자. "뼛속 깊이 고이는 피/ 물 흐르듯 고통을 다스려", "풀잎처럼 낮게 고개 숙이며/ 온몸으로/ 꽃 한 송이 피워 놓고" 있다고 하지 않는가.

시인은 결코 꿈을 포기한 것이 아니다. 세상에 깨어지고 부서지며 갈등하고 체념하며 살아오는 동안에 시인의 꿈은 오히려 더 구체적이고 단단해졌으며 실체화되고 있었던 것이다. 그렇다! 구 시인은 그동안 침묵하며 낮게 엎드려 자신의 절망과 고통을 다스리며 세상을 향해 꽃을 피우고 있었던 것이다. 손가락 하나 제대로 펴지 못할 극한의 외로움과 고통 속에서 시인은 내일에 물려줄 희망의 씨앗을 품고 있었던 것이다. 그것은 곧 더 큰 어머니의 모습이요, 바로 이 시대 시인들이 가져야 할 주체적 인간으로서의 참모습인 것이다. 어린 시절 어머니의 주방에 안주하기를 거부하며 세상 밖으로 탈출하려 했던 소녀는 자라서 또 다른 세상의 어머니로서의 역할을 담당해 가고자 하는 것이다. 여성만이 가지고 있는 부드

러움과 참을성, 자기희생의 정신을 통해 스스로를 하나의 인격체로 완성해 감은 물론, 내일을 위한 희망의 씨앗을 발아해 가고 있는 것이다.

바다는 일찍 잠을 깨어
날마다 떠오르는 태양을 품어 안는다

애끓는 바다를 바라보며
낡은 사랑을 약속하는
저 철지난 청춘 깃발들의 출렁거림

사랑도 잠시 오는 듯 가고
다시 내일은 가는 듯 오는가?

해 지기 전 너에게 가리라
다시 또 다른 태양을 기다리며

—「내일의 태양을 쏜다」 전문

구 시인의 시세계는 모순과 갈등의 힘에 의해 그 긴장력을 더하고 있다. 끊임없이 출렁이고 움직이며 기존 질서에 반동하고자 하는 자의식과 그런 자아를 스스로 달래고 타협하며 현실을 긍정하라고 타이르는 내면의 소리에 갈등하고 충돌한다. 가슴속에는 여전히 뜨거운 열망의 태양이 이글거리고 있지만, 그저 애달픈 심정으로 바다를 바라볼 뿐이다. 그런 반면 '날마다 떠오르는 태양을 품어 안으며, 해 지기 전에 너에게 가리라, 다시 또 다른 태양을' 여전히 기다리고 있다. 시인에게 '멈춤' 이란 없다. 오직 태양을 향해 가고 달릴 뿐이다.

3. 잡초론, 또는 구이람 시의 객관적 상관물

이번 시집에서 시인이 주로 사용하고 있는 시어는 소박하고 검소하다. 평범해 보이기까지도 한다. 실생활과 밀접한 관련이 있는 일상어가 주축을 이루고 있기 때문이다. 언어의 절약은 곧 마음의 절약을 의미한다. 구 시인은 언어를 낭비하지 않으려 노력한다. 언어의 장식을 철저히 배제하는 그런 모습이라는 뜻이다. 그러면서도 시인의 시에는 무게중심이 단단히 뿌리내리고 있다. 무거운 생의 물지게를 지고도 흔들려 쓰러지거나 포기하지 않고 묵묵히 지구의 중심, 생의 정상을 향해 걸어가고 있을 뿐이다. 아래의 시편들에는 구 시인의 소박하면서도 견고한 인생철학이 담겨 있어 주의를 환기한다.

아무도 눈여겨보지 않는 풀
누구나에게 밟히고 무시당해도
불평하지 않는 풀
그 이름 잡초를 조심하라

—「잡초는 뿌리 끈이 길다—잡초론 · 1」 전문

무심한 발걸음에 눌리고
화가 난 발길에 찢겨도
가만히 누워 피를 닦고

홀로 상처를 어루만지는 너

—「아무 죄 없이—잡초론 · 2」 전문

너는 누구에게도 뿌리를 뽑히지 않는다
오늘도, 뽑히지 않는 굳은 마음칼 갈며
하늘뿌리를 올려다본다
—「뿌리가 땅속 끝까지 뻗어 있기에—잡초론 · 3」 전문

강인한 생명력을 말할 때 시인들은 흔히 잡초를 그 예로 들곤 한다. 아주 적절한 비유에 해당한다. 한여름 밭에 나가 잡초를 뽑아 본 사람은 알 것이다. 왜 잡초가 많은 시인들의 시 속에서 일 년 내내 시들지 않고 그렇게 종횡무진 풍성해 가고 있는지를 말이다. 비가 며칠만 내리지 않으면 여름 땡볕에 곡식들은 많이 말라 죽는다. 그러나 잡초는 어떠한가? 비 한 방울 내리지 않는 가뭄 속에서도 잡초는 무성하게 제 영토를 넓혀만 간다. 어디 그뿐인가? 뽑고 돌아서기가 무섭게 다시 밭을 뒤덮는다. 곧 농부의 날카로운 호미 날에 뽑혀 나갈 몸이지만 최선을 다해 키를 키운다. 아무도 눈여겨보지 않아도, 무시당하고 짓밟혀도 불평하지 않는 풀, 밟히면 밟힐수록 더 굳세게 일어나는 그야말로 잡초의 근성을 보여 주는 것이다.

구 시인은 분명 잡초 인생을 살아왔거나 살아가는 사람은 아니다. 대학교수라는 직업은 아마도 우리 사회에서 상위 1퍼센트 안에 드는 누구나가 선망하는 자리가 아닌가. 그런 위치에 있는 시인이 신작시 잡초를 통해 인생론을 펼치고 있는 것이다. "가만히 누워 피를 닦고/ 홀로 상처를 어루만지" 고

있다. 언제 어디에서도 잡초는 굴욕을 당하고 천대와 억압을 받아도 굳세게 다시 일어난다. 고통과 수난, 절망을 견디고 이겨 내어 마침내 스스로 누구에게도 뽑히지 않는 강인한 뿌리가 된다. 하늘뿌리로서의 자존심과 주체성을 지켜 낸다.

그렇다! 구 시인은 시를 통해 건강한 생명력의 회복을 꿈꾸고 있는 것이다. 잡초가 지닌 불굴의 생명력을 되찾고 싶어 한다. 현대문명의 이기 속에서 나날이 인간의 본성은 위협당하고 생명력은 위축되고 고갈돼 가고 있다. 조그마한 자극에도 쉽게 상처받고 자존심은 허물어져 버린다. 이러한 세태 속에서 시인은 결코 뽑히지 않는 굳은 마음의 칼을 갈며 견고하게 정신을 무장하리라 다짐하고 있다. 생존을 위하여 잠시 머리 굽히는 것도 마다하지 않는, 그러면서도 그 내면을 물들이고 있는 곧고 매운 향기만은 결코 팔지 않겠다는 선비정신을 지켜 가고 있는 것이다. 이것이 구 시인의 이번 시집 전반에 흐르고 있는 세계관이자 인생철학이라 할 수 있다.

4. 생生의 본성, 또는 단독자와 공동체 의식을 향하여

구이람의 이번 시집에는 단독자 의식이 짙게 깔려 있다. 세월이 가고 나이가 들어가면서 어쩔 수 없이 느끼게 되는 외로움과 적막감, 쓸쓸한 심경이 시편 곳곳에서 발견되기 때문이다. 누구나 홀로 왔다 홀로 갈 수밖에 없는 인간의 근원적인 고독의 문제를 시인은 자연친화적인 심상들을 통해 극복해 내려 하고 시도하는 것이다. 아래 시는 그 좋은 예다.

만 년이 지나도
외로움을 켜켜이 쌓아 올린다

사람들이 밟고 걸어도
길은 언제나 홀로일 뿐

만 가지 형상을 가지고 있으면서도
아무것도 갖지 않는
너

—「산은」 전문

산은 늘 만 년 침묵, 말이 없다. 좋든 싫든 아무 내색하지 않고, 오면 오는 대로 가면 가는 대로 그 어느 것도 붙잡아 앉히지 않는다. 켜켜이 외로움을 쌓아 올릴 뿐, 산은 결코 신음하거나 울지도 않는다. 한겨울이면 가끔 깊은 절벽 속에 몸을 가두고 스스로 얼음 기둥이 되어 자신을 단련할 뿐, 슬프다 외롭다 하소연하지도 않는다. 산의 높이는 곧 침묵의 높이요 외로움의 높이다.

구 시인은 이제 이렇게 자연을, 산을 닮아 가고자 한다. 인간사 희로애락에 쉬 물들거나 흔들리지 않고 홀로 가는 길에 눈물 보이지 않는 견고한 의지의 소유자가 되길 기원한다. 만 가지 생각이 있고, 만 가지 그리움이 있어도 아무렇지도 않은 듯 일체무심의 경지에 이르기를 소망하는 것이다. 그러나 아직도 시시때때로 반란처럼 들고 일어나는 탐 · 진 · 치, 소유에 대한 욕망은 시인을 괴롭고 외롭게 하게 마련이다. 아무것도 갖지 않기를 바라면서도 갖지 못했다고 아쉬워하며 탄식하기도 한다. 무소유의 자유를 갈망하면서도 무언가를 소유하고 싶고, 누군가에게 소유되고 싶어 한다. 육신을 가진 인간인지라 시인은 모순 속에서 방황하며 갈등하고 있는 것이다.

장미 꽃잎 속에 하얗게 웃고 있는 저 사내
평생 꽃을 기르듯 일구어 놓은
회사 한 채, 거기 사는 식구들 전부 모여
그의 한평생을 왈가왈부 소란한데

아깝다는 둥,
그래도 잘 살고 떠나간다는 둥
자식들이 아직 어리다는 둥
둥둥둥 소리들이 한 바다를 떠안고 간다

시들어 목말라 가는 시간 속에서
영영 죽지 않을 사람들처럼
다만 살아 있음을 스스로 안도하며
둘러앉아 소주잔 강물을 기울이는 사람들

그의 영정을 힐끗힐끗 올려다보지만
가야 할 곳 어디인지 몰라
그 시간의 골목길을 에돌아 간다

—「돌아가는 길목에서」 전문

이 시에는 우리가 주변에서 흔히 볼 수 있는 한 장례식장의 적막하고 쓸쓸한 풍경이 잘 나타나 있다. 왕후장상, 빈부귀천 그 누구도 피해 갈 수 없는 절대고독, 절대허무의 길, 그 영원한 무소유로 가는 길, 영정 속의 사람은 말이 없고 살아 있는 자들의 공허한 말들만이 무성할 뿐이다. 그 어느 한마디인들 죽은 자에게 가닿을 수 있겠는가? 어머니에게서 태어나 어머니를 떠나 살다가 이제 어머니가 걸어간 길을 따라가는 길, 생生과 사死는 바로 문밖이라고 하지만 그 거리는 영원히 도달할 수 없는 무한 허무의 길, 절대고독의 길이 아니겠는가.

시인은 그 길목에 선 영정 속의 사람을 올려다보며 자신이 가야 할 길을 잃고 잠시 방황한다. 누구나 가야 하지만 누구나 영원히 가고 싶지 않은 길, 살아남은 자들은 떠나간 사람을 추억하기보다는 지금 살아 있음을 스스로 안도하며 영원히 살 것처럼 앞으로의 삶을 걱정하고 있는 것이다. 시인도 어쩔 수 없이 그 산 자들의 대열에 끼어 쓸쓸한 풍경을 만들고 있을 뿐이다. 그래서 더불어 사는 삶, 공동체의 삶이 더욱 소중한 것이다.

찰칵!
순간 속에서 비로소 우린 영원하리라 믿었다
웃으세요! 웃어요! 사진사의 말대로
온 가족이 함빡 웃음꽃 피우는 사이

큰딸을 낳고 어미 되고
작은딸 다시 얻어 비로소

꽉 찬 가족을 이루더니

무엇으로 살 것인가 토론하던 그 흙바람 세월 속에
서로 자라고 홀로 늙어 간 순간들이
사진 틀 안에서 모두 혼자서 예쁘게 웃고 있다

이제 잡은 손을 놓고
제 마음 길 따라 뿔뿔이 살아가는 자식들
먼 나라 도시의 귓속 바람 소리만 윙—윙
흑백필름으로 찍히고 있네

—「가족사진」 전문

삶은 혼자 가는 길이면서 운명적으로 그 누군가와 더불어 살아갈 수밖에 없다. 누구나 단독자로 자기 앞의 삶을 살아야 하지만 길 밖을 나서면 또한 사회적 존재로서 이웃과 사회, 민족과 역사와 더불어 살아가야만 한다. 그래야 비로소 하나의 삶이 완성되며, 이런 우주공동체로서 삶의 길, 완전한 우주가 될 수 있다. 그래서 세계일화世界一花, 세상은 모든 인류가 더불어 함께 피우는 하나의 꽃과 같은 것이라 하지 않는가. 그러나 사람들은 결혼을 하고 아이를 낳는다. 아이들은 자라서 부모와 잡은 손을 놓고 제 마음 길 따라 인연 따라 뿔뿔이 제각기 흩어져 살아간다고 시인은 말하고 있다.

인정할 수밖에 없는 쓸쓸한 실존의 모습이며 피할 수 없는 운명의 길이다. 꼭 잡았던 어머니의 손을 놓고 세상의 난바다로 떠나와 다시 대지의 어머니에게로 돌아갈 때까지 시인은 그림자처럼 운명의 그물에 얽혀 아이들을 따라다니게 될 것이다. 우리 어머니가 그랬듯이 말이다. 이제 아이들도 다 먼 나라로 떠나보내고 시인은 도시의 흙바람 속에 아득히 홀로 서 간다. 부디 이제부터 시가 구이람 시인의 든든한 마지막 동반자가 되어 함께 걸어가기를 바란다.

5. 맺음말, 야간 비행을 꿈꾸며

이번에 세 번째 시집을 펴냄으로써 구이람은 시인으로서의 삶에 다시 운명의 주사위가 던져졌다. 이제 시인은 스스로 돌아갈 길을 끊어버렸다. 선택할 다른 길이 없는 것이다. 다시는 시가 없는 시절로는 돌아갈 수 없도록 운명 지어졌다는 뜻이다.

그러기에 그에게는 오직 앞으로 나아갈 길만이 남아 있다. 이 흙바람의 지상에서 신앙처럼 시를 받들고 시를 운전하는 시 운전사가 됨은 물론, 자신의 삶과 세상을 창공에 띄워 홀로 힘차게 비행해 가야 하는 파일럿이 될 수밖에 없다. 그러기 위해서는 마지막 생의 종교로서 더욱 치열하게 시와 사투를 벌여야 할 것이다. 눈물로 씨를 뿌리는 자만이 곡식 단을 거둘 수 있다 하지 않는가. 지금은 다시 굳건히 삶의 대지, 시의 광야에 서서 힘차게 출발해야 하는 운명의 시간, 결정의 시간이다.

앞으로 더욱 힘내어 부디 좋은 시의 곡식 단을 거두는 참시인, 스스로의 고독과 허무로서 삶의 진실과 대결하는 시인으로 거듭나기를 희망한다.

시인 구이람 (구명숙具明淑)

1999년 『시문학』, 2009년 『시와시학』으로 등단
시집으로 『그 여자 몇 가마의 쌀 씻어 밥을 지어왔을까』 『걷다』
현재 숙명여자대학교 한국어문학부 교수, (사)글로컬여성네트워크 회장

E-mail: k9350m@hanmail.net

산다는 일은

지은이 | 구이람
펴낸이 | 김재돈
펴낸곳 | 도서출판 시와시학
1판1쇄 | 2013년 1월 5일
출판등록 | 2010년 8월 10일
등록번호 | 제2010-000036호
주소 | 서울 종로구 명륜동1가 42
전화 | 744-0110
FAX | 3672-2674

값 10,000원

ISBN 978-89-94889-49-8 03810